# BEI GRIN MACHT SICH IHR WISSEN BEZAHLT

- Wir veröffentlichen Ihre Hausarbeit, Bachelor- und Masterarbeit

- Ihr eigenes eBook und Buch - weltweit in allen wichtigen Shops

- Verdienen Sie an jedem Verkauf

Jetzt bei www.GRIN.com hochladen und kostenlos publizieren

**Bibliografische Information der Deutschen Nationalbibliothek:**

Die Deutsche Bibliothek verzeichnet diese Publikation in der Deutschen Nationalbibliografie; detaillierte bibliografische Daten sind im Internet über http://dnb.d-nb.de/ abrufbar.

Dieses Werk sowie alle darin enthaltenen einzelnen Beiträge und Abbildungen sind urheberrechtlich geschützt. Jede Verwertung, die nicht ausdrücklich vom Urheberrechtsschutz zugelassen ist, bedarf der vorherigen Zustimmung des Verlages. Das gilt insbesondere für Vervielfältigungen, Bearbeitungen, Übersetzungen, Mikroverfilmungen, Auswertungen durch Datenbanken und für die Einspeicherung und Verarbeitung in elektronische Systeme. Alle Rechte, auch die des auszugsweisen Nachdrucks, der fotomechanischen Wiedergabe (einschließlich Mikrokopie) sowie der Auswertung durch Datenbanken oder ähnliche Einrichtungen, vorbehalten.

**Impressum:**

Copyright © 2016 GRIN Verlag, Open Publishing GmbH
Druck und Bindung: Books on Demand GmbH, Norderstedt Germany
ISBN: 9783668564770

**Dieses Buch bei GRIN:**

http://www.grin.com/de/e-book/379505/der-kreuzzuggedanke-und-die-frage-nach-dem-gerechten-krieg

Konstantin Martin

**Der Kreuzzuggedanke und die Frage nach dem gerechten Krieg**

GRIN Verlag

**GRIN - Your knowledge has value**

Der GRIN Verlag publiziert seit 1998 wissenschaftliche Arbeiten von Studenten, Hochschullehrern und anderen Akademikern als eBook und gedrucktes Buch. Die Verlagswebsite www.grin.com ist die ideale Plattform zur Veröffentlichung von Hausarbeiten, Abschlussarbeiten, wissenschaftlichen Aufsätzen, Dissertationen und Fachbüchern.

**Besuchen Sie uns im Internet:**

http://www.grin.com/

http://www.facebook.com/grincom

http://www.twitter.com/grin_com

Facharbeit im Fach Geschichte zum Thema:

# „Der Kreuzzuggedanke und die Frage nach dem gerechten Krieg"

von Konstantin Martin

Semper Schulen     Klasse: FOS1S16
Ort, Datum: Dresden, 02.01.2017

# Inhaltsverzeichnis

**Seite:**

**1. Einleitung** 1

**2. Hauptteil**

    2.1. Die Situation der europäischen Bevölkerung im 11. Jahrhundert      2

    2.2. Papst Urban II      3

    2.3. Der Kreuzzuggedanke      3

    2.4. Chronologie der Kreuzzüge      4

    2.5. Frage nach Entstehung des Kreuzzuggedanken      6

    2.6. Frage nach Gerechtigkeit des Kreuzzuggedanken      7

**3. Schluss** 10

**Literaturverzeichnis** 11

# 1. Einleitung

Krieg stellt eine konstante Größe in der gesamten Menschheitsgeschichte dar. Zu jeder Zeit stellte sich den Menschen dabei die Frage nach der Rechtmäßigkeit und Legitimation von solchen kriegerischen Auseinandersetzung. Früh kam es daher zur Unterscheidung zwischen gerechten und ungerechten Kriegen. Dabei gab es verschiedene Methoden einen Krieg zu legitimieren. Zum Beispiel, durch die Bedrohung von außen oder durch die Berufung der Kriegführenden auf ihren Glauben und ihre Religion. So kam es in der Geschichte häufiger dazu, dass Kriege als gottgewollt oder sogar im „Auftrag Gottes" geführt wurden. In der christlichen Religion denken viele dabei an die Kreuzzüge, welche die katholische Kirche im Namen ihres Glaubens im Mittelalter unternommen hat. Sie waren und sind der Gegenstand vieler Diskussionen und Untersuchungen. Oft wurde dabei gefragt ob es sich um einen Glaubenskrieg der Christen handelte und wie er einzuordnen ist. War es ein gerechter oder ein ungerechter Krieg? Um diese Frage beantworten zu können, muss man zuerst nach dem Grund, also dem Gedanken fragen, der zu den Kreuzzügen führte.

Deshalb habe ich diese Facharbeit der Frage nach dem Kreuzzuggedanken gewidmet. Ich möchte dabei herausfinden ob die Kreuzzüge und der Gedanke, der hinter ihnen steckt als gerecht oder ungerecht angesehen werden konnte.

In der folgenden Facharbeit werde ich deshalb die Geschichte der Kreuzzüge insgesamt darstellen, meinen Fokus will ich aber auf den ersten Kreuzzug legen. In ihm zeigen sich Motivationen und Begründungen, die auch für alle anderen Kreuzzüge wichtig waren. Ich werde zuerst auf die gesellschaftlichen und wirtschaftlichen Faktoren und die Lebensbedingungen der Bevölkerung der damaligen Zeit eingehen. Für diese Untersuchungen werde ich außerdem noch Papst Urban II. vorstellen, da er einer der wichtigsten Gründe für die Kreuzzüge ist. Danach werde ich einen Überblick über den Verlauf, die Grundgedanken und die Ziele der Kreuzzüge geben.

Am Ende will ich herausstellen wie es zu diesen Glaubenskriegen kommen konnte und ob die Kreuzzüge als gerecht oder ungerecht angesehen werden können. Dafür dient mir die Definition des Augustinus für einen „gerechten Krieg". Ich werde versuchen sie auf die Kreuzzüge und den Kreuzzugsgedanken anzuwenden.

# 2. Hauptteil

## 2.1. Die Situation der europäischen Bevölkerung im 11. Jahrhundert

Zur Zeit der ersten Kreuzzüge litten große Teile der europäischen Bevölkerung unter Fehden und Kriegen einerseits und unter schlechten wirtschaftlichen und sozialen Lebensbedingungen andererseits. Grund dafür war zum einen der enorme Bevölkerungszuwachs. Der Grundbesitz wurde so zunehmend verkleinert, wodurch es immer öfter zu kleineren und größeren Auseinandersetzungen zwischen verschiedensten Akteuren aus Gesellschaft und Politik kam. Besonders die einfachen, oft von Armut und Ausgrenzung geplagten Bevölkerungsschichten waren am härtesten von den Folgen solcher Konflikte betroffen. Neben dem Verlust von Hab und Gut und der Zerstörung der gewohnten Lebensgrundlage kam es zu Verfolgung und Flucht.

Zum anderen waren die sozialen und wirtschaftlichen Lebensbedingungen im Allgemeinen schlecht. Durch äußere Einflüsse verschlimmerte sich auch hier wieder vor allem die Lage der ärmeren Bevölkerungsschichten. Durch Missernten, die durch Überschwemmungen, Dürreperioden und Krankheitsbefall entstanden, kam es zu Hungersnöten. Darüber hinaus litt der Großteil der mittelalterlichen Gesellschaft unter dem System der Leibeigenschaft, das die Betroffenen von ihren Lehnsherren abhängig und damit in hohem Grade unfrei machte. Das Denken und die Vorstellungen der damaligen Bevölkerung waren geprägt durch das Frömmigkeitsideal, durch religiöse und theologische Weltbilder sowie durch die eben genannten gesellschaftlichen und politischen Lebensbedingungen.

Der allgemeine Einfluss der Kirche hatte sich auch immer mehr auf weltliche Bereiche ausgedehnt. Neben der politischen Welt war dieser Einfluss aber vor allem auf die christliche Bevölkerung in Europa unglaublich groß. Der Papst hatte als höchste Autorität der christlichen Kirche die universelle Herrschaft über alle Katholiken und beanspruchte für alle Kirchenanhänger einen länderübergreifenden Gehorsam. Aber das galt nicht für alle Christen in Europa, weil sich die katholische Kirche im Jahr 1054 in die römisch-katholische und die griechisch-orthodoxe Kirche getrennt hatte. Es gab dann also zwei kirchliche Zentren, zum einen in Rom und zum anderen in Konstantinopel. Der Grund für die Trennung war ein Streit über theologische Probleme, wie zum Beispiel die Trinitätslehre.

## 2.2. Papst Urban II.

Papst Urban II. wurde wahrscheinlich 1035 unter seinem bürgerlichen Namen Odo de Lagery, also Otto von Lagery, in Châtillon-sur-Marne im heutigen Frankreich als Sohn einer Adelsfamilie geboren. Nach seinem Studium in der Kathedralschule von Reims trat er einem Benediktinerkloster in Cluny bei, welches zu dieser Zeit zu den religiösen Zentren des Christentums in Europa zählte. 1073 wurde ihm das Amt des Priors, also des Klostervorstehers, übergeben. Ein paar Jahre später, zwischen 1078 und 1079, wurde Urban II. von Papst Gregor VII. in Rom zum Kardinalsbischof von Ostia und Velletri ernannt. Anschließend diente er als päpstlicher Legat im damaligen Deutschland. Als der damalige Papst Victor III. nach nur einem Jahr sein Amt am 12.03.1088 niederlegte, wurde er von Urban II. als Inhaber des höchsten kirchlichen Amts abgelöst. Urban II. blieb bis zu seinem Tod im Jahr 1099 im Amt als höchster Würdenträger der christlichen Religion.

Über seine Persönlichkeit lässt sich heutzutage nur noch sehr schwer etwas sagen. Aus einigen Quellen lässt sich jedoch entnehmen, dass er durchaus sympathisch und höflich auf Außenstehende gewirkt haben soll. Außerdem galt er als eine eindrucksvolle Persönlichkeit, die durch Überzeugungskraft und Weitblick charakterisiert wurde. Gerade im Umgang mit Menschen und deren Problemen wusste er sich gekonnt auszudrücken. Darüber hinaus hieß es von seinen Untergebenen, er sei mehr Weltkind als Papst. Er regierte nicht besonders streng und setzte wohl mehr auf Weltverständnis und Nachsicht sowohl in weltlichen als auch in kirchlichen Fragen. Für Papst Urban II. war die „Erneuerung der christlichen Gemeinschaft" eine seiner wichtigsten Aufgaben. Sein Ziel war es also die Trennung der christlichen Kirche in die griechisch-orthodoxe und die römisch-katholische Kirche aus dem Jahr 1054 zu überwinden. Aus diesem Grund führte der Papst seit den achtziger Jahren des elften Jahrhunderts Verhandlungen mit dem damaligen byzantinischen Kaiser Alexios I.

Urban II. wurde im Jahr 1881 heiliggesprochen.


## 2.3. Der Kreuzzuggedanke


Während der Verhandlungen mit dem Kaiser von Byzanz kam es dazu, dass Alexios I. die Bedrohung seines Reiches durch die Seldschuken betonte und Urban II. um Hilfe fragte. Er erhoffte sich ein Heer von Söldnern aus dem Westen Europas zur Unterstützung in der Auseinandersetzung mit den islamischen Gegnern. Wahrscheinlich plante der Papst daraufhin ein Heer aus Rittern und Soldaten aufzustellen und dieses dann nach Byzanz zu schicken. Am 27. November des Jahres 1095 hielt er jedoch dann eine beeindruckende Rede vor vielen Tausend Gläubigen im französischen Clermont. In ihr ruft er allgemein zu einem Kriegszug in den

Osten auf, um den Anhängern Christi im Kampf gegen die Seldschuken zu helfen. Urban war derjenige, der als erstes zu einem Kreuzzug aufrief, er war damit der Antrieb und der Initiator des ersten Kreuzzuges. Er hoffte durch die Unterstützung für Byzanz die Wiederherstellung der Kircheneinheit zu erreichen. Für den Papst war also die Wiederherstellung des römischen Reiches im Osten wie auch im Westen besonders im Hinblick auf die Einheit der christlichen Religion das Wichtigste.

Leider gibt es keine direkte Überlieferung der Rede, aber mehrere Berichte von Augenzeugen machen es möglich die Kernpunkte des Aufrufs zu erkennen. Urban II. machte wohl zuerst darauf aufmerksam, wie schlecht die Situation der Christen im Osten war und dass sie bedroht wurden. Dann rief er zum Kreuzzug auf und versprach als Lohn dafür die Vergebung der Sünden für alle, die mitmachten.

Die Bevölkerung glaubte den Worten des geistlichen Oberhauptes ihrer Kirche und sah die Kreuzzüge als eine gottgewollte Pilgerfahrt ins Heilige Land. Sie wollten Jerusalem, die Heilige Stadt, aus den Händen der ungläubigen Heiden befreien. In ihren Augen hatten sie durch ihrem Glauben und den göttlichen Auftrag das Recht und die Pflicht die Ungläubigen, die mit Unrecht und Tyrannei herrschten, zu bekämpfen und zu vertreiben. Sie glaubten an die Vergebung irdischer Sünden und an einen gerechten Lohn für ihre Opferbereitschaft. Die Bevölkerung legitimierte sich so mit Brutalität gegen Andersgläubige vorzugehen und sie zum Wiedereintritt zu nötigen und unter bestimmten Umständen und dem Befehl Gottes einen Krieg durchzuführen. Solches Verhalten ist auf die Lehren des Kirchenvaters und Kirchenlehrers Aurelius Augustinus zurück zu führen, welcher als einer der ersten einen heiligen Krieg definierte. Darauf gehe ich in meiner Facharbeit später noch einmal genauer ein.

## 2.4. Chronologie der Kreuzzüge

Im Frühjahr 1096 zogen tausende Bauern in einer ersten Welle auf eigene Faust gegen die ungläubigen Besetzer des Heiligen Landes in den Krieg, inspiriert von dem Aufruf Papst Urban II. 1095 in Clermont. Diese Volkskreuzzüge der ersten Welle wurden z.B. von Walter Sans-Avoir (Walter Habenichts) angeführt, einem französischen Adligen. Obwohl der Großteil der Heere aus einfachen Bauern bestand, hab es auch einige Adlige und höhergestellte Personen. Es gab danach noch weitere Wellen von Kreuzfahrern aus allen Bevölkerungsschichten. Die Führung der zweiten Welle übernahm Peter von Amiens (Peter der Emerit). Er war ein radikaler Wanderprediger, von denen es damals viele gab. Sie sind wohl neben der Rede des Papstes die Hauptverantwortlichen für die ersten Kreuzzugswellen. Denn sie sollen regelrecht Scharen von Menschen für den heiligen

Kreuzzug rekrutiert haben. Diese ersten Volkskreuzzüge richteten sich zu gewissen Teilen auch gegen Ungläubige im eigenen Land. Am schlimmsten zeigte sich das bei den Ausschreitungen der ersten Kreuzfahrer gegen die jüdischen Bevölkerungsteile in den deutschen Städten wie Mainz, Worms oder Köln. Viele Männer Frauen und sogar Kinder wurden getötet, einige begingen Selbstmord, weil sie Angst vor den Kreuzfahrern hatten. Der erste Kreuzzug kam in Konstantinopel im August 1096 an, im Oktober 1096 wurden sie dann aber bei Civetot von den Türken geschlagen.

Der erste tatsächliche Kreuzzug nach Konstantinopel brach im August 1096 auf und eroberte im Juni 1097 die Stadt Nicaea. Die Einstellung und Moral der Menschen sank durch Hungersnöte die den Krieg nur erschwerten, doch durch den vermeintlichen Fund einer heiligen Lanze entflammte neuer Kampfgeist, so begannen am 7. Juni Kreuzfahrer die Belagerung Konstantinopels. In nur knapp zwei Wochen hatten sie die Stadt erfolgreich eingenommen. Es kam zu grausamen Massakern und Massenhinrichtungen. Die muslimische und jüdische Bevölkerung wurde systematisch hingerichtet und damit zu großen Teil vernichtet. Jerusalem war wieder in christlichem Besitz.

Nachdem islamische Heere die Stadt Edessa im Jahr 1145 zurückeroberten kam es zu Hilfegesuchen aus Palästina. Mit der Hilfe von Abt Bernhard von Clarvaux, einer der größten Theologen und Geistlichen seiner Zeit, rief Papst Eugen III. durch eine päpstliche Bulle zum zweiten Kreuzzug auf. Das Kreuzfahrerheer erreichte 1148 das Heilige Land. Der Plan war hier Damaskus zurückzuerobern, dieser Versuch wurde jedoch nach einer fünftägigen Belagerung aufgegeben und das komplette Heer trat den Rückzug in die Heimat an.

Weil Jerusalem jetzt unter muslimischer Kontrolle stand und es eine verheerende Niederlage für die Christen in der Schlacht bei Hattin gegeben hatte, rief Gregor VIII. am 29. Oktober 1187 zum dritten Kreuzzug auf. 1189 zogen Kaiser Friedrich I. aus Deutschland, Richard I. Löwenherz von England und Philipp II. Augustus von Frankreich das größte Kreuzfahrerheer des Mittelalters zusammen. Das deutsche Heer unter Friedrich brach zuerst auf, jedoch ertrank der Kaiser unerwartet bei der Überquerung eines Flusses im Juni 1190 und das Heer brach auseinander.

1191 wurde Akkon eingenommen von Richard I. von England und Phillipp August von Frankreich. Richard I. bekam ab dem 2. August 1191 das alleinige Kommando weil Phillipp August zurück nach Frankreich ging. Nach einer Schlacht die Richard I. gewann, kam es am 5. August 1192 erstmals zu Friedensverhandlungen zwischen Sultan Saladin und Richard.

Ergebnis dieser Verhandlungen war eine Erlaubnis für Pilger und Priester die heilige Stätte besuchen zu dürfen und in Bethlehem und Nazareth ihre Messe zu lesen. Die Stadt blieb jedoch unter muslimischer Kontrolle.

Der nächste Kreuzzug fand unter der Führung von Heinrich VI. im Jahr 1195 statt. Der deutsche Kaiser griff die Stadt Galiläa an, musste sich aber nach kurzer Zeit zurückziehen. Als er schließlich verstarb, löste sich das Kreuzfahrerheer auf.

Der sogenannte Kreuzzug der Armen sollte 1199 von Venedig aus ins Heilige Land ziehen. Theobald von Champagne und Papst Innozenz III. waren die Initiatoren für diesen Marsch. Doch da die Teilnehmer dieses Kreuzzuges aus ärmlichen Verhältnissen kamen und somit nicht ausreichend finanzielle Mittel zur Verfügung standen, mussten sie zuerst die christliche Stadt Zara unter ihre Gewalt bringen. Das gewachsene Heer brach dann 1203 nach Konstantinopel auf, die Kreuzfahrer verwüsteten die Stadt auf barbarische Art und Weise, sie zerstörten mehr Kunst und Kultur als es die Türken bei ihrer Eroberung getan hatten.

Friedrich II. führte 1227 den nächsten Kreuzzug in Richtung Heiliges Land an. Als Friedrich II. im Jahre 1228 in Akkon ankam, erreichte er durch Verhandlungen mit Sultan El-Kamil eine freiwillige Freigabe Jerusalems ohne Blutvergießen. Er erntete dafür leider nur wenig Ruhm, da frühere Kreuzfahrer die Muslime besiegen und töten mussten du keine Verträge mit ihnen schlossen.

Im Jahr 1244 wurde Jerusalem von den Türken zurückerobert, was Ludwig IX. als Anlass für einen weiteren Kreuzzug ansah. Er eroberte am 05. Juni 1249 die Stadt Damiette in Ägypten. „Der Heilige", wie Ludwig IX. auch genannt wurde, hatte den Plan verfolgt von Ägypten aus den Sultan zu überraschen und so zu stürzen. Sein Plan missglückte allerdings und sein Heer wurde von Hunger und Seuchen niedergestreckt, auch er selbst wurde krank. Der Feind nahm ihn schlussendlich als Geisel gefangen und ließ ihn erst gegen eine hohe Entschädigung wieder frei. Bei seinem zweiten Versuch segelte Ludwig mit seinem Kreuzfahrerheer zum Emir von Tunis nach Nordafrika um diesen für seine seinen Plan zu gewinnen. Doch nach ihrer Landung auf dem Festland erkrankte seine Flotte an einer Seuche und Ludwig IX. starb noch bevor er in Tunis landen konnte.

## 2.5. Frage nach Entstehung des Kreuzzuggedanken

Ohne eine so große Bereitschaft der Bevölkerung für die Durchführung von Glaubenskriegen und Feldzügen zur Befreiung des Heiligen Landes, wären die Kreuzzüge in diesem Umfang nicht möglich gewesen. Ein stark prägender Faktor waren dabei natürlich die Vorstellungen im Denken der europäischen Bevölkerung im Mittelalter. Hier ist vor allem die Frömmigkeit und Glaubenstreue des Mittelalters als Grund zu nennen. Darüber hinaus waren theologische Vorstellungen und die gesellschaftlichen und politischen Bedingungen wichtig. So glaubte man unter anderem, dass nach der tausendjährigen christlichen Herrschaft die Wiederkunft Christi und der Anbruch der Gottesherrschaft bevorstehen. So dachten sie sich also eine Kreuzfahrt zur Befreiung Jerusalems wäre gleichzeitig eine Unternehmung, mit der Sie die Geburtsstädte ihrer

Religion wiedererlangen könnten.

Die Kreuzfahrer glaubten an die Absolution, also die Vergebung der weltlichen Sünden. Diese Meinung genoss einen hohen Stellenwert unter den Gläubigen und als Papst Urban II. beim Kampf gegen die Heiden den Erlass aller Sünden versprach, war das, als hätte er einen Schalter in den Köpfen der damaligen Menschen umgelegt. Sie schöpften neuen Mut in ihren schwierigen Lebensbedingungen und entwickelten dadurch einen Kampfgeist für die Kreuzzüge und die Reinwaschung ihrer Sünden. Was darüber hinaus eine große Wirkung auf die damalige Bevölkerung gehabt haben muss, war die Tatsache, dass die Autorität des Papstes, der im Namen Gottes sprach, zum bewaffneten Kampf aufrief. Die gläubigen Christen sahen teilweise vielleicht in ihrer frommen Religionsbefolgung keine andere Möglichkeit, als zu gehorchen.

Außerdem kann man allgemein zusammenfassen, dass Pilgerfahrten in das Heilige Land in jener Zeit einen hohen Beliebtheitsgrad in der christlichen Bevölkerung hatten. Nun wurde diese Pilgerfahrt mit dem bewaffneten Kampf verbunden. Die große Kreuzzugsbereitschaft entstand aber nicht nur aus der Religion heraus. Wie schon gezeigt waren auch wirtschaftliche, soziale und politische Umstände von Bedeutung. Die Aussicht auf Milch und Honig die im Heiligen Land fließen sollten hat vielleicht auch vor allem der niedrigen Bevölkerungsschichtschicht, wie der bäuerlichen Bevölkerung gefallen.

Ein weiterer wichtiger Punkt, der zur Ausrufung der Kreuzzüge führte, war von Seiten des Papstes, wie schon in Punkt 2.3. erwähnt. Der Papst wollte eine neue Einheit der griechisch-orthodoxen und der römisch-katholischen Kirche, um alleiniges Oberhaupt der Christenheit zu werden. Man kann also nur schwer abstreiten, dass das Schisma von 1054 auch eine Rolle bei den Kreuzzügen spielte.

## 2.6. Frage nach Gerechtigkeit des Kreuzzuggedanken

Um die Frage nach der „Gerechtigkeit" der Kreuzzüge und des Kreuzzuggedanken zu klären, will ich hier von der „Lehre vom Gerechten Krieg"[1] ausgehen. Sie geht auf Augustinus, Bischof von Hippo Regius in Algerien, und damit auf das 5. Jahrhundert zurück. Er stellte in dieser Theorie die Voraussetzungen für einen gerecht geführten Krieg dar. Durch seine Lehre versuchte Augustinus bestimmte Kriege und vor allem Kriegsgründe zu legitimieren. Damit man Frieden schaffen konnte, sah Augustinus Krieg teilweise als gerechtfertigt und sogar als Akt der Nächstenliebe an. „Christliches handeln war damit auch im Krieg gewährleistet, Augustinus hatte eine neue Kriegsethik geschaffen"[2]. Es lassen sich fünf verschiedene Punkte herauslesen, die erfüllt sein müssten, damit ein Krieg in den Augen von Augustinus und vielen späteren Denkern und Theologen

---
[1] Siehe Drewermann, S.137.
[2] Siehe Jaspert, S. 13.

als gerecht gesehen werden kann. Deshalb sollen hier fünf Punkte genannt werden die für die christliche Theorie eines gerechten Krieges wichtig sind, denn:

„*Ein Krieg ist dann gerechtfertigt, wenn er*
1. *von der staatlichen Gewalt (also nicht illegal) erklärt werde,*
2. *um einer gerechten Sache willen geführt werde (also nicht der Verteidigung eines bestehenden Unrechts diene),*
3. *gegen einen ungerechten Angriff gerichtet (also nicht präventiv) sei,*
4. *mit Mitteln geführt werde, die nicht selber Unrecht schüfen (z.B. Unschuldige in die Kampfhandlungen einbezögen), und die*
5. *eine gewisse Aussicht auf Erfolg hätten (also nicht sinnlos Menschen opferten)*

*Es müssen zufolge der Lehre vom gerechten Krieg mithin die Kriegsmacht, das Kriegsziel, der Kriegsgrund, das Kriegsmittel und die kalkulierbare Kriegsfolge moralisch legitimiert sein.*"[3]

Lese ich mir nun diese Bedingungen für eine Kriegslegitimierung von Augustinus durch und versuche dieses Schema auf die Kreuzzüge und die Gründe für sie zu übertragen, fällt einem schnell auf, dass es wie ein undurchführbares Konzept erscheint.

In Punkt eins wird gesagt, ein gerechter Krieg darf nicht illegal, also ohne die Erklärung einer staatlichen Macht, geführt werden. Mit dem Aufruf zum Kreuzzug durch den Papst, also durch kirchliche Macht, scheint dieser Punkt nicht erfüllt. Jedoch haben sich in den folgenden Kreuzzügen weltliche Führer beteiligt und diese auch angeführt. Außerdem hatte das Wort des Papstes auch im weltlichen Sinne eine gewisse Macht und einen enormen Einfluss auf Politik und Gesellschaft. Das heißt, dass in diesem Punkt nur zu einem gewissen Teil zutrifft.

Einige Ungereimtheiten, die uns von der Bezeichnung gerechter Krieg weiter entfernen sind folgende: Ein Krieg ist gerecht, wenn er für eine gerechte Sache geführt wird, lesen wir in Punkt zwei. Aber ist die Intension zu einem Krieg aufzurufen nicht immer legitim, zumindest in den Augen des Ausrufenden? Welche Partei in einem Krieg das Recht auf seiner Seite hat, kann man wohl in vielen Fällen nicht eindeutig sagen. Die Kreuzfahrer waren natürlich überzeugt von ihrer Sache, das Heilige Land zu befreien. Auf der anderen Seite haben auch die Seldschuken Jerusalem in dem Glauben erobert, sie seien im Recht. Außerdem ist es kontrovers, dass Jerusalem schon im Jahr 610 von den Persern eingenommen wurde. Wir sehen also, dass das Heilige Land seit 485 Jahren nicht mehr unter christlicher Herrschaft war. Es war also keine direkte Reaktion der Christen auf die Einnahme Jerusalems. Somit kann Punkt zwei also auch nicht wirklich überzeugen.

---
[3] Siehe Drewermann, S.137.

Wenden wir uns nun dem dritten Punkt zu. Hier wird gesagt, dass ein Krieg nicht präventiv geführt werden darf. Er darf also zum Beispiel zur Verteidigung gegen Angriffe geführt werden, nicht aber zur Vorbeugung oder Abschreckung gegen andere Völker und Religionen. Hier ist es schwierig festzulegen, wann man nur verteidigt und wann man gegen einen ungerechten Angreifer Krieg führt. Eine Einteilung der Kriegsführung in offensiv und defensiv ist oft sehr schwer zu bestimmen. In unserem Fall sind die Kreuzfahrerheere in fremde Länder gezogen und haben im Namen von ihrem Gott und zur Unterstützung der dortigen Verbündeten versucht Andersgläubige zu besiegen und zu vertreiben. Die Kreuzzugheere blieben dabei meist eher offensiv in ihrer Kriegsführung. Denn Sie waren die Belagerer. Am 15. Juli 1099 wurde in Jerusalem ein grauenhaftes Exempel statuiert. Die Kreuzfahrer tauchten Jerusalem in Blut und hofften so die Heiden abzuschrecken und zu vertreiben. Diesen Punkt zur Legitimierung eines gerechten Krieges erfüllen die Kreuzzüge also auch nicht.

Unschuldige dürfen an Kampfhandlungen nicht beteiligt sein heißt es in Punkt vier. Dabei stellt sich mir die Frage, ob es jemals einen Krieg gegeben hat, in dem keine Unschuldigen beteiligt waren. In den Kreuzzügen wurden Unschuldige zu Opfern von grausamen Ereignisses. Es gab Pogrome gegen die eigenen jüdischen Mitbürger, obwohl dies mit dem Ziel der Kreuzzüge nichts zu tun hatte. Es kam zum Massaker an Andersgläubigen Männern, Frauen und Kindern in Jerusalem und vieles mehr. Auch dieses Kriterium zur Legitimierung eines gerechten Krieges erfüllen die Kreuzzüge nicht.

Eine Aussicht auf Erfolg könne einen Krieg legitimieren besagt Punkt fünf. Das bedeutet also, dass jedes Heer, welches keine Aussicht auf Erfolg hat, von einem solchen Krieg ablassen müsste, einfach nur um sich nicht selbst zu zerstören. In den Augen der Kreuzfahrer war ihr Vorhaben von Gott gewollt und mit dessen Unterstützung gab es eine begründete Hoffnung auf den Sieg. Aber dieser Punkt rechtfertigt ebenfalls keinen Krieg, sonst könnte wohl jede militärisch überlegene Macht gegen eine unterlegene Gruppe einen gerechten Krieg führen. Dieses Argument verliert also schon von vornherein seine Gültigkeit zur Rechtfertigung eines „gerechten" Krieges.

Wir sehen nur einer von fünf Punkten wurde in unserer Untersuchung bestätigt, alle anderen erfüllen die Kreuzzüge nicht. Schon wenn ein einzelner Punkt nicht zutreffen würde, wäre die Rechtfertigung in den Augen Augustinus nicht mehr gegeben. Betrachten wir also die Kreuzzüge mit Hilfe der „Voraussetzungen für einen gerechten Krieg", müssen wir zu dem Schluss kommen, dass der Kreuzzugsgedanke vielleicht in den Augen der Kreuzfahrer, aber in der Definition von Augustinus nicht gerecht war. Für die Durchführung der Kreuzzüge gilt genau das gleiche. Es ist außerdem interessant und erschreckend zugleich, dass gerade in Namen Jesu und der christlichen Religion ein solcher „Glaubenskrieg" in Gestalt der Kreuzzüge geführt wurde. Denn „das

Christentum gründet wesentlich auf dem friedlichen Wirken Jesu", wie Nikolas Jaspert sagt.[4]

## 3. Schluss

Am Ende dieser Beobachtung ist festzustellen, dass es schwierig ist generell von einem gerechten Krieg zu sprechen, da wohl die wenigsten Kriege im Verlauf der Geschichte gerechte waren. Der Kreuzzuggedanke ging davon aus, dass der Krieg gegen die Ungläubigen im Heiligen Land gerechtfertigt war. Außerdem wurde er vom höchsten Amtsträger der Kirche gefordert, von Papst Urban II. Er stellte den Gläubigen die Vergebung all ihrer Sünden in Aussicht. Darüber hinaus fiel es den Menschen unter den schlechten Lebensbedingungen der damaligen Zeit wohl leichter einem „gottgewollten" Gedanken Folge zu leisten. Viele Menschen wollten wohl dem Krieg, dem Hunger, der Unfreiheit und der Armut entfliehen. Außerdem scheint das Frömmigkeitsideal der damaligen Zeit ausschlaggebend gewesen zu sein, dass die Volksmassen dem Aufruf des Papstes folgten und sie ihren Kreuzzug als rechtmäßig empfanden. Selbst nach der Definition eines Geistlichen aus dem 5. Jahrhunderts (Augustinus) waren die Kreuzzüge nicht gerecht oder zumindest sehr kritisch zu sehen. Zum Schluss meiner Facharbeit möchte ich gerne noch einen Zeitzeugen, nämlich Wilhelm von Tyrus, zu Wort kommen lassen, der die Ungerechtigkeit dieser heiligen Kriege nochmal deutlich zeigt:

*„(...), und wen immer sie auffinden konnten, den streckten sie mit der Schärfe des Schwertes nieder, ohne Rücksicht auf Alter und Stand. So groß war das Blutbad der überall Niedergemetzelten und der Haufen der abgeschlagenen Köpfe, das kaum noch ein Weg frei und ein Durchgang möglich war als über die Leichen der Erschlagenen."[5]*

---

[4] Jaspert, S. 13.
[5] Siehe Althoff, S. 124.

# Literaturverzeichnis

Althoff, Gerd: „Selig sind, die Verfolgung ausüben." Päpste und Gewalt im Hochmittelalter, Darmstadt 2013.

Drewermann, Eugen: Die Spirale der Angst. Der Krieg und das Christentum, Freiburg, Basel, Wien 1991.

Fuhrmann, Horst: Papst Urban II. und der Stand der Regularkanoniker, 1984.

Gemein, Gisbert und Cornelissen, Joachim: Kreuzzüge und Kreuzzuggedanke im Mittelalter und Gegenwart, Quellen- und Arbeitsbuch für die Oberstufe des Gymnasiums, München 1992.

Jaspert, Nikolas: Die Kreuzzüge, Darmstadt 2013.

Kahl-Furthmann, G.: Christentum und Krieg, 1979.

Lewis, Brenda R.: Die Kreuzzüge, Ein Was ist Was Buch, Band Bd. 60, Nürnberg 1976.

Mayer, Hans E.: Geschichte der Kreuzzüge, Stuttgart 2005.

# BEI GRIN MACHT SICH IHR WISSEN BEZAHLT

- Wir veröffentlichen Ihre Hausarbeit, Bachelor- und Masterarbeit

- Ihr eigenes eBook und Buch - weltweit in allen wichtigen Shops

- Verdienen Sie an jedem Verkauf

Jetzt bei www.GRIN.com hochladen und kostenlos publizieren